ENCORE L'ALGÉRIE

DEVANT

LES CHAMBRES

PAR

M. le Comte de FRANCLIEU,

DÉLÉGUÉ DES COLONS ALGÉRIENS.

PARIS,

AU BUREAU DE LA REVUE ALGÉRIENNE,

Rue Richelieu, N° 112,

ET A LA LIBRAIRIE ALGÉRIENNE DE DAUVIN ET FONTAINE, passage des Panoramas.

—

1847.

ENCORE L'ALGÉRIE DEVANT LES CHAMBRES.

INTRODUCTION.

Je ne viens pas ajouter un nouveau système à tous ceux qui se sont déjà produits sur l'Algérie. La question générale me semble assez amplement débattue pour qu'il ne soit plus besoin d'y revenir. La chambre peut hésiter encore, nous le savons ; le gouvernement peut reculer devant un changement radical dont il connaît la nécessité mieux que personne. Il y a des habitudes prises, une marche adoptée, un roulement mécanique des affaires qu'on répugne à modifier ; il y a surtout, dans ce problème algérien, des questions personnelles souverainement embarrassantes, je dirai presque insolubles dans les conditions actuelles de nos influences politiques. Mais il n'en est pas moins vrai que pour tout homme sérieux qui aura lu vingt pages sur l'Algérie, le problème est théoriquement résolu. Il ne s'agit plus désormais de guerre, de fantasias, de tribus rasées, d'expéditions incessantes, d'un Abd-el-Kader qu'on ne prend jamais et qu'on poursuit toujours ; ce sont là des jouets d'enfans laissés, par déférence, à la monomanie d'un illustre guerrier, mais sur l'importance desquels l'opinion publique est depuis longtemps édifiée.

Nous devons même cette justice à la presse de France, et en particulier au journal la *Presse*, à l'ancien *Esprit Public* et au *Courrier Français*, qu'ils ont popularisé les questions algériennes au point de rendre inadmissibles, désormais, tous les mensonges officiels et toutes les théories subversives, à l'aide desquels notre colonie a échappé jusqu'ici au droit commun, à la surveillance dès chambres et aux principes généraux de toute organisation sociale.

Venir donc recommencer maintenant la lutte engagée dès 1844, par M. Leblanc de Prébois, dans son ouvrage capital des *Départemens algériens*, serait ne tenir aucun compte de l'espace parcouru depuis trois ans, et s'exposer à des redites toujours fâcheuses quand on n'a pas pour soi l'intérêt qui s'attache à un grand talent. Je m'abstiendrai donc, à cet égard, de tout développement inutile. Je prendrai la question au point où l'ont laissée mes honorables amis MM. de Vialar, de Raousset-Boulbou et de Saint-Guilhem, au point où la sentent arrivée tous les hommes compétens qui s'en occupent ; et me plaçant ainsi sur un terrain spécial, sur le terrain intermédiaire, entre la théorie et l'application, je chercherai si, dans les conditions actuelles qui nous sont faites, sans recourir à l'assimilation immédiate de l'Algérie à la France, il n'y aurait pas un moyen tout simple, acceptable *à priori*, sans inconvénient aucun pour les personnes et pour les choses, de relever la colonisation algérienne du discrédit où elle est tombée, de lui donner spontanément de la vigueur, de l'activité, un développement sans mesure, et de repousser ainsi, par une expérience décisive, ces fatales accusations de stérilité, d'impuissance et d'avortement agricole qui nous ont peut-être fait plus de mal dans l'opinion publique que seize ans de guerres et de dévastations.

Seulement, comme tous les principes colonisateurs sont solidaires les uns des autres, et qu'à mes yeux un changement radical de système peut seul consolider en Algérie, et notre drapeau, et notre civilisation, on me permettra d'exposer le plus succinctement possible ma profession de foi à cet égard. Nommé par mes concitoyens pour les représenter à Paris comme délégué, je me dois à moi-même, je me dois au mandat dout ils m'ont honoré, de ne laisser aucun doute sur les opinions que je professe. Formulées par moi seul, elles passeraient sans doute inaperçues au milieu des intérêts divers qui dominent tout en Algérie ; mais arrivant après plusieurs manifestations du même genre, individuelles ou collectives, elles auront du moins ce résultat de prouver que tous les colons sérieux du pays sont unanimes dans leurs vœux de réforme administrative, unanimes surtout dans leur appréciation du régime arbitraire et inintelligent qui les opprime.

Ce n'est pas que je veuille ici faire d'une question nationale le texte de diatribes amères contre certains noms propres. Bien loin de là. Je m'impose d'avance cette obligation rigoureuse de n'imputer à qui que soit, en particulier, la responsabilité des faits déplorables que j'aurai à signaler. Un seul homme se trouve nécessairement en dehors de cette loi. M. Bugeaud personnifie en lui toutes les tendances funestes dont nous nous plaignons ; il règne en Algérie, plus que le roi en France ; il est l'âme, l'instigateur, l'agent direct de la plupart des mesures désastreuses qui nous accablent ; il me serait donc impossible de ne pas le considérer comme tel, et de ne pas lui attribuer sa large part d'initiative dans les actes de son gouvernement. Seulement, pour qu'il n'y ait à cet égard aucune méprise sur mes intentions, je commence par déclarer que j'honore en M. le gouverneur-général toutes les qualités de l'homme privé, que je lui reconnais même une haute intelligence militaire et une puissance rare d'activité qui s'étend à tout ; que, par conséquent, si j'en viens à blâmer son administration, son amour de l'absolutisme, sa soif insatiable du pouvoir, et l'acharnemeut qu'il apporte à faire triompher ses folles utopies, il est bien entendu que c'est à l'homme public que je m'attaque, et que l'homme public seul peut être en cause dans ce débat.

Un mot encore. Les circonstances sont graves. L'Algérie, comme l'Irlande, se débat sous la double étreinte de la banqueroute et de la faim. Toutes les fortunes acquises par quinze ans de travaux se sont successivement écroulées. Une atteinte fatale a été portée à la propriété. De là ébranlement général. La défiance s'est glissée dans les transactions. Dès lors plus de capitaux, plus de circulation, plus de vie. Une place obérée, l'inquiétude partout, des faillites sans nombre, dix mille ouvriers sans travail, la plus affreuse misère s'unissant aux plus affreuses prévisions, telle est devenue notre situation intérieure.

Or, dans cet état de choses, *une année perdue est une calamité publique.* Ce n'est pas moi qui le dis, c'est M. Bugeaud lui-même. Qu'on juge par là de l'importance que j'attache à l'honorable mission qui m'a été confiée, et des vives inquiétudes que m'inspirent les dispositions de la chambre à notre égard. Une année perdue serait une calamité publique. Personne ne le sent mieux que moi; car je vis depuis douze ans au milieu de ces populations que la misère décime, car j'ai partagé leurs travaux et leurs peines, leurs espérances et leurs déceptions; et c'est pour leur venir en aide autant qu'il est en moi que je me suis décidé à apporter dans ce grand débat l'autorité de mon expérience personnelle, et l'autorité plus grande encore de la raison de tous.

CONSIDÉRATIONS GÉNÉRALES.

Il y a trois manières pour l'homme d'État d'examiner le problème algérien :
— au point de vue politique, au point de vue administratif et au point de
vue économique ; — comme adjonction territoriale, comme développement
civilisateur et comme complément de notre échelle de production. •

Le Gouvernement l'a-t-il compris ainsi ? Il est permis d'en douter. Tous ses
actes portent, au contraire, le cachet d'une imprévoyance inexcusable, d'un
manque absolu d'idées et de système, et d'une ignorance capitale sur les faits
et sur les principes. Ce qui se passe en Algérie depuis dix-sept ans ne peut
pas être raconté. C'est l'histoire de l'esprit humain dans ses aberrations les
plus extravagantes ; ce serait une tache ineffaçable pour la civilisation du 19ᵉ
siècle ; ce doit être pour nous une expérience décisive de ce que peut produire de mal une autorité arbitraire, sans contrôle et sans institutions, alors
même qu'elle a pour mobile d'excellentes intentions.

Je n'en dirai pas davantage sur ce passé désastreux. — Ceux qui sont en
cause dans le débat comprendront ma réserve et me sauront gré, sans doute,
d'un silence que bien d'autres n'auraient pas gardé après douze ans de séjour
dans le pays, c'est-à-dire après douze ans d'indignation comprimée. Quant à
l'opinion publique, je la crois suffisamment édifiée par de récentes publica-
tions pour pouvoir se prononcer avec énergie. Quelques faits ont transpiré de
tous ceux que cachaient avec tant de soin le gouvernement et l'administration
algérienne. Ces faits ont donné la mesure approximative des hommes et des
choses. La comédie parlementaire jouée il y a quelques jours au palais Bour-

bon, à propos des crédits extraordinaires, a dû faire tomber les dernières illusions de certains députés. La question est donc maintenant jugée ou elle ne le sera jamais. La condamnation en règle de dix-sept ans d'occupation peut prendre place parmi les faits accomplis.

Restent le présent et l'avenir. Et ici chacun se fait naturellement cette demande : Où en sont le ministère et les chambres vis-à-vis de l'Algérie ?

Où ils en sont ! — toute la presse a déjà répondu ; à l'immobilité. — C'est chose triste à dire ; mais il faut bien se rendre à l'évidence. Le mot fameux de M. Desmousseaux de Givré, *rien, rien, rien*, vrai pour toutes les réformes, pour tous les progrès, pour toutes les économies réclamées par l'opinion publique, est plus vrai encore pour notre malheureuse colonie. Le ministère veut vivre au jour le jour, sans souci du lendemain, sans réduction sur sa feuille annuelle de bénéfices, sans avoir rien à démêler surtout avec le terrible soldat dont l'Afrique relève, et la chambre, plus éclairée sans doute, plus convaincue de la nécessité d'un changement dans notre constitution administrative, mais frappée cette année de je ne sais quelle impuissance maladive, la chambre semble disposée à tout sanctionner de son vote, et à se laisser aller au courant ministériel, en fermant d'avance les yeux sur les éventualités de l'avenir.

Et cependant, qu'on le remarque bien, il ne s'agit ici, ni d'un essai onéreux à subir, ni d'une réduction dans les recettes à affronter, ni d'un risque commercial ou politique à courir, ni d'aucune de ces difficultés qui ajournent indéfiniment les meilleures propositions. Le prétexte d'inopportunité lui-même, ce grand cheval de bataille de la résistance du cabinet, se tournerait ici contre ceux-là même qui l'oseraient employer ; car si jamais le moment fut venu d'appliquer un remède au mal qui nous dévore, c'est certainement quand ce mal a atteint des proportions telles qu'il ne peut plus durer sans amener une décomposition sociale. Or, l'Algérie en est précisément là. En administration ses ressorts ne fonctionnent plus ; son commerce et son industrie s'éteignent sous le coup d'une crise épouvantable ; et la colonisation elle-même est frappée dans sa base, puisqu'il n'y a plus à Alger ni capitaux, ni garanties, ni confiance, ni droit même de propriété.

Reste donc, pour tout obstacle, la difficulté matérielle d'un remaniement complet dans la direction imprimée au pays depuis dix-sept années.

Je ne nierai pas cette difficulté, elle est réelle. On n'improvise pas de nos jours, comme il y a cinquante ans, tout un système administratif et politique ; c'est une tâche qui exige de la volonté, un parti pris d'avance, une certaine dose d'initiative, et par dessus tout ce sentiment profond du devoir, qui ne se laisse dompter par aucune considération personnelle. Or, de pareilles vertus sont rares dans tous les temps, mais surtout introuvables de ce temps-ci. Le cabinet qui gouverne la France depuis sept ans semble s'être donné pour mot d'ordre l'inertie la plus complète, l'impuissance la plus radicale ; il a laissé passer devant lui les questions les plus ardentes, comme les plus délicates, les plus faciles comme les plus compliquées, sans trouver à leur appliquer une seule solution raisonnable, sans oser même se prononcer d'une manière décisive pour un parti ou pour un autre. Il n'est donc pas étonnant que l'Algérie soit pour lui encore lettre close, ou du moins que le courage lui manque pour en dégager l'inconnu.

Une circonstance d'ailleurs toute particulière ajoute prodigieusement à l'embarras de nos hommes d'Etat. Si un changement quelconque avait lieu, ce serait nécessairement dans un sens de simplification de méthode, d'unité, en un mot, d'assimilation. Ce serait pour réduire des neuf diximèmes les rouages de cette fameuse direction algérienne, qui n'a pu produire autre chose, depuis deux ans, que des monceaux de dossiers enfouis dans les cartons du ministère de la guerre. Mais alors que ferait-on de ces milliers d'employés de toutes classes : surnuméraires, expéditionnaires, commis, rédacteurs, chefs et sous-chefs de bureau, population oisive et onéreuse créée tout exprès pour grandir quelques positions supérieures, ou pour satisfaire à des exigences parlementaires insatiables? Que ferait-on surtout de certains hommes d'une incapacité notoire, qui tiennent cependant le haut bout de la chaîne, et pour lesquels les directions de l'Algérie semblent de véritables patrimoines, n'emportant avec eux ni responsabilité ni devoir. C'est chose facile, c'est chose même très-commode, que d'augmenter indéfiniment le nombre des employés rétribués d'une administration naissante. On se ménage ainsi des faveurs pour toutes les complaisances politiques, des récompenses pour tous les dévoûmens intéressés, et c'est ainsi qu'Alger est devenu l'impur réceptacle des superfluités métropolitaines. Mais du jour où il faudrait porter la hache dans le vif de cet immense abus, du jour où il faudrait réduire, au lieu d'augmenter, le chiffre de nos inutilités paperassières, du jour surtout où il faudrait déplacer quelques hommes, contrarier quelques ambitions, froisser peut-être quelques intérêts acharnés, de ce jour une lutte occulte s'engagerait, qui, sans mettre en péril l'action gouvernementale, lui susciterait cependant des tiraillemens intérieurs bien faits pour effrayer un pouvoir sans énergie, une autorité sans force morale.

Je reconnais donc tout le premier qu'il y a dans le fait seul d'un changement radical de système vis-à-vis de l'Algérie des difficultés d'exécution suffisantes, dans les circonstances actuelles, pour en provoquer l'ajournement jusqu'à l'année prochaine. Je reconnais encore, si l'on veut, qu'un pareil changement exige des études faites, un plan convenu, une répartition administrative préparée, toutes choses que le cabinet n'est pas en mesure de présenter d'ici à la fin de la session. Mais s'ensuit-il de là qu'il n'y ait rien à faire cette année, et que la chambre, comme le ministère, ne puisse que se croiser les bras dans un magnifique repos? Je ne le crois pas. M. Guizot, il est vrai, se complaît dans ce rôle stérile. Pour M. Guizot, comme pour Dieu, le repos est la majesté du pouvoir; mais pour nous, simples mortels qui n'atteignons pas à ces hauteurs sublimes, la première condition de la puissance, c'est l'activité, et nous croyons que, bien loin de songer à se croiser les bras sur les ruines palpitantes du cadavre algérien, le rôle de la chambre, comme celui du cabinet, est de préparer, dès aujourd'hui, la rénovation complète qui doit s'accomplir l'année prochaine.

Comment cela? — D'une manière toute simple. — Il y a dans l'ensemble des réformes demandées pour l'Algérie quelques mesures primordiales dont l'utilité n'a jamais fait question, et qu'une vieille routine seule peut empêcher de se produire. Telles sont la déclaration de l'inamovibilité des juges, l'élection des magistrats consulaires, l'application de nos lois françaises sur la propriété, sur le séquestre, sur l'expropriation, etc. Il en est d'autres qui n'exigent aucun travail préalable de réorganisation, aucun déplacement d'hommes ou de budgets, et qui cependant, par le fait seul de leur adoption, changeraient pour ainsi dire la face du pays, et lui permettraient d'attendre sans danger le bienfait définitif de l'assimilation. Tels seraient le rétablissement des conseils municipaux, confisqués en 1834 par une administration envieuse, la correspondance directe des trois provinces avec le ministre, l'attribution immédiate au garde des sceaux de tout ce qui intéresse la justice et les cultes, l'exécution d'une ordonnance récente qui transporte les chefs-lieux militaires dans l'intérieur des terres, et vingt autres mesures de ce genre, qui, sans changer en rien la constitution politique et administrative du pays, poseraient les bases de l'avenir qui lui est réservé, et rendrait plus facile, l'année prochaine, l'œuvre de régénération absolue réclamée par l'opinion publique.

Cette pensée, si simple, si logique, si rationnelle, sera-t-elle comprise? Nous l'espérons encore. Le vent de la faveur parlementaire souffle aujourd'hui du côté de l'Algérie. Des adhésions importantes ont renforcé le petit parti colonisateur qui avait combattu jusqu'ici avec plus d'honneur que de succès. Le pays, d'ailleurs, est mieux connu, mieux apprécié. Il a été visité récemment par plusieurs membres de la représentation élective. Quelques-uns de ces honorables en sont revenus les mains pleines de vérités, avec des convictions bien précises, bien motivées, sur l'urgence d'une réforme complète, et nous ne serions point étonnés de voir ces convictions partagées par leurs colllègues, et la question ainsi tranchée, au moins théoriquement, par un vote qui engagerait la responsabilité ministérielle.

Or, comme il importe que, dans un pareil débat, tous les points saillans du problème soient nettement posés, comme il importe surtout de bien distinguer tout ce qui peut être d'une exécution immédiate, de ce qui peut donner lieu à un travail préalable de reconstitution, on nous permettra d'esquisser ici rapidement et l'organisation actuelle et les modifications dont elle est susceptible *à priori*, sous le triple point de vue politique, administratif et économique. Il est bien entendu que nous faisons d'avance toutes réserves pour le grand principe de l'*assimilation*, qui nous semble être la véritable clef de voûte de l'édifice, et sans lequel aucune solution n'est possible, qui satisfasse à la fois les droits de l'humanité et de la civilisation, et les intérêts bien entendus de notre grandeur nationale.

POLITIQUE.

Il se passe à Alger, depuis dix-sept ans, un fait sans exemple peut-être dans les relations internationales des peuples civilisés ; et qui seul donne la mesure de tout ce que le gouvernement de juillet a apporté de lâcheté et d'indécision dans sa politique extérieure. Ce fait, c'est l'existence d'un homme s'intitulant consul général d'Angleterre, accrédité auprès du dey d'Alger, protégeant à ce titre les sujets anglais auprès d'un gouvernement qu'il ne reconnaît pas, repoussant tout *exequatur*, toute marque d'adhésion, tout hommage officiel, même de simple convenance, et se posant ainsi dans nos propres foyers comme une protestation vivante contre la légitimité, je dirai mieux, contre le fait même de notre conquête.

Il n'est personne à Alger qui ne se soit demandé cent fois pourquoi cette étrange anomalie ; pourquoi M. Saint-John n'est pas renvoyé, depuis 1830, à son gouvernement ; pourquoi nous nous laissons ainsi insulter jusque chez nous par le représentant d'une nation rivale ; pourquoi, enfin, nous ouvrons carrière à des espérances d'abandon dont la réalisation serait tout uniment impossible. Aux yeux de la raison et de la justice, tout cela est clair, net, inattaquable, et, certes, si l'Angleterre s'était trouvée dans une position semblable, elle n'aurait pas attendu dix-sept ans pour y pourvoir. Elle n'aurait pas permis surtout qu'un consul étranger devînt dans son propre sein le drapeau de ses ennemis, et favorisât presque ostensiblement un commerce inqualifiable d'approvisionnemens de guerre, comme celui que Gibraltar entretient depuis plusieurs années avec l'émir,

Est-ce à dire que nous sommes par hasard dans une position exceptionnelle vis-à-vis le cabinet de Londres ? Nullement. La conquête d'Alger, en affranchissant la Méditerranée, a rendu un service égal à toutes les nations tributaires de l'ancienne régence, et l'Angleterre était du nombre. Son commerce a d'ailleurs profité du débouché nouveau ouvert aux produits européens, et sa population maltaise s'est enrichie du plus pur de notre or en cultivant les jardins potagers qui entourent nos grandes villes. Bien loin donc d'avoir à se plaindre de notre prise de possession, l'Angleterre ne devrait, rivalité à part, que s'en applaudir dans l'intérêt de ses propres sujets, et il est hors de doute que si, dès les premiers jours, la question avait été ainsi catégoriquement posée, nous ne subirions pas aujourd'hui l'humiliation de voir un consul étranger non accrédité protester par une attitude inouïe contre le fait même de notre existence en Afrique.

Mais, nous l'avons dit, toute la politique de notre gouvernement est là. Pour lui, point de situations définies. Le vague, l'indécision partout. L'Algérie est-elle anglaise ou française ? Nous l'ignorons encore, ou plutôt nous sommes sûrs qu'elle n'est pas française, parce que nous n'y jouissons d'aucune des immunités que ce titre suppose. Nos lois n'y sont pas reconnues, nos magistrats y perdent leur caractère inamovible ; nous-mêmes semblons renoncer, en y entrant, à notre nationalité, pour nous plonger dans un chaos d'institutions hétéroclites qui tiennent plus de la barbarie que de la civilisation. De là une position fausse, souverainement fausse, qui place Alger bien au-dessous de Constantinople et de Smyrne pour la sécurité et la protection qui entoure nos nationaux. De là l'incertitude où nous sommes sur l'avenir probable du pays ; de là une inquiétude profonde qui touche à tout, qui suspend tout, qui arrête les capitaux dans leur essor, qui épouvante l'émigration européenne, qui s'étend jusqu'aux actes même du gouvernement, et rend ainsi impossible, ou du moins énormément dispendieux, le développement, si naturel en tout autre cas, de notre influence civilisatrice.

On comprend dès lors, par ce simple exposé, que s'il est une mesure urgente, préalable, indispensable dans la condition actuelle, c'est une déclaration qui coupe court à ces désastreuses incertitudes et qui nous place définitivement sous le drapeau de la France ou sous celui de la barbarie. Quelle sera la formule de cette déclaration ? Peu importe ! L'essentiel est qu'elle détermine, sans équivoque, à quelle catégorie de citoyens nous sommes censés appartenir. L'essentiel est qu'en proclamant *notre réunion nominale à la France*, elle nous maintienne de l'autre côté de la Méditerranée les droits imprescriptibles dont nous jouissons de ce côté ci. L'essentiel est qu'un Français de Paris ne soit pas jugé à Alger par un tribunal exceptionnel, à Mascara par un commandant de place, à Constantine par un conseil de guerre, pour des faits qui aux antipodes même le laisseraient sous la sauvegarde de nos institutions et sous la protection immédiate de nos consuls.

La réunion de l'Algérie à la France et la reconnaissance des droits civils attachés au titre de Français, telle est donc la première mesure réclamée impérieusement par notre situation anormale et par le danger que court notre précieuse colonie sous le poids de sa législation exceptionnelle.

Mais il y a peut-être quelque difficulté secrète, quelque veto diplomatique, quelque engagement de vieille date dont il nous faut tenir compte, vis-à-vis d'une certaine puissance, sous peine d'aggraver encore nos embarras antérieurs. Triste pays que celui où de pareilles raisons peuvent arrêter pendant dix-sept ans les meilleures intentions, et paralyser la marche rationnelle des faits civilisateurs ! Triste gouvernement que celui qui abdique ainsi son initiative en face d'aussi misérables considérations, et qui aime mieux jeter cent millions par an dans le gouffre stérile de l'arbitraire que de reconnaître en droit ce que toute l'Europe a déjà reconnu en fait !

Et quand nous disons toute l'Europe, nous n'exagérons rien ; car l'Angleterre elle-même, ce terrible épouvantail de nos Lilliputiens politiques, l'Angleterre serait très-embarrassée s'il lui fallait élever la moindre objection contre la réunion des deux territoires de France et d'Algérie. Jusqu'ici notre faiblesse a fait sa force. Elle a trouvé commode, excentrique même, et tout à fait digne de John Bull, de nous tenir en échec dans notre propre maison, par une de ces rodomontades à la Falstaf qui lui sont si familières. Mais, du jour où un acte législatif émané de la chambre viendrait couper court à ces protestations fictives par une prise de possession réelle, de ce jour la morgue de John Bull pourrait bien se répandre dans ses journaux en diatribes amères contre notre *monomanie d'avidité conquérante*, mais il n'aurait garde de traduire son dépit par un veto émané du Foreign-Office, veto qui ne serait, aux yeux du monde entier, que la manifestation ridicule d'une impuissante jalousie.

Ceci posé, existe-t-il d'autre difficulté sérieuse à une déclaration demandée depuis dix ans, par l'Algérie elle-même, dans la personne de plusieurs milliers de ses colons ?. aucune. — Le budget ne changerait ni d'importance, ni de répartition ; seulement, son emploi serait plus régulièrement constaté. Les formes administratives resteraient les mêmes, moins l'arbitraire qui en aggrave la rigueur ; seulement, il serait bien convenu que ces formes imparfaites ne seraient que transitoires, et quelles subiraient successivement des modifications, ou plutôt des simplifications importantes qui le ramèneraient peu à peu au type consacré en France par cinquante années d'exercice.

Quant aux conséquences d'un pareil acte, elles seraient immenses. L'Algérie a vécu jusqu'ici au jour le jour, sans se connaître elle-même, incertaine de son nom, de sa nationalité, de son lendemain, régie exclusivement par l'arbitraire et le transitoire, livrée aux tiraillemens de vingt pouvoirs rivaux, hostile surtout par sa mobilité aux institutions permanentes, aux grandes tentatives industrielles et commerciales, aux grands développemens agricoles, à tout ce qui porte un caractère de durée, de stabilité et de contrôle ; — avec une déclaration de réunion, tout cela change, notre nationalité est définitivement acquise. Il ne peut pas plus y avoir de doute sur son avenir qu'il n'y en a pour l'avenir de la Provence et de la Corse. Nous sommes Français, et avec ce titre, nous recouvrons nos droits, si longtemps foulés aux pieds par une administration anti-nationale. Dès lors, plus de craintes, plus d'incertitudes pour nos personnes, nos propriétés et nos intérêts. Plus d'effet rétroactif dans les lois, plus d'ordonnance destructive du droit de propriété, plus d'élucubration bureaucratique ébranlant toute chose par sa base, en remettant en question le principe même de l'organisation sociale. Dès lors, en un mot, les garanties suprêmes de la loi française, nous protégeant comme hommes, comme citoyens, comme administrés, contre les ridicules tentatives d'une législation exceptionnelle. — Du jour où l'*Algérie est réunie à la France* par une déclaration législative, ses magistrats sont nécessairement inamovibles, notre code y est nécessairement appliqué dans les cas si nombreux en Algérie de contestations civiles, d'expropriation, de délimitation territoriale, de définitions de personnes, etc., et par ce seul fait disparaissent à la fois ces criantes injustices, ces vols organisés, ce pillage légal du pays qui n'ont laissé rien debout de ce que toute administration doit respecter, qui ont effrayé ainsi les capitaux étrangers, ébranlé le crédit public, rendu la colonisation impossible, et produit enfin cette terrible crise financière sous laquelle se débattent aujourd'hui tous les intérêts de la colonie.

Ces considérations sont à nos yeux décisives ; le seront-elles aux yeux de la chambre ? Nous aimons à croire, pour son honneur, que ce n'est pas trop préjuger de son intelligence que de lui prêter les mêmes convictions : nous savons même qu'un noble pair, qui a fait de la question algérienne son étude spéciale, et qui mieux que personne peut la présenter sous son véritable point de vue, doit porter à la tribune du Luxembourg le veu explicite que nous formulons ici comme délégué de la colonie. — Que l'Algérie soit donc réunie à la France, grâce aux efforts de tous les hommes qui s'intéressent à notre prédominance politique dans la méditérannée, et toutes les difficultés du problème algérien sont tranchées par le fait même, et l'épouventail d'Abd-el-Kader s'évanouit comme celui de Bou-Maza, et le Maroc n'hésite plus à signer le traité de commerce qu'il a jusqu'ici repoussé, et dès l'année prochaine, dès demain même; nous pouvons accomplir sans danger quelques-unes de ces économies que réclament nos finances; et offrir en même temps à la métropole quelques compensations commerciales pour ses immenses sacrifices.

ADMINISTRATION.

On a tout dit contre l'administration algérienne. Aucune accusation ne lui a manqué, surtout dans ces derniers temps. Ignorance, mauvais vouloir, corruption, inintelligence complète de son rôle, trahison même des intérêts qu'elle était appelée à protéger, on a tout supposé à son égard; et, il faut l'avouer, les faits connus n'ont que trop souvent justifié ces suppcsitions. On peut même dire que jamais, en France, une administration n'a si complétement méconnu sa mission que ne l'a fait celle qui préside aux destinées de l'Algérie.

Pourquoi ? Je ne le dirai pas. C'est l'histoire de seize années, dont pas une ne ressemble à l'autre, et dont le détail consciencieux exigerait de longs volumes. Je constaterai seulement le fait : l'administration algérienne est mauvaise, aussi mauvaise qu'une administration peut l'être; plus mauvaise même, selon l'expression d'un honorable député qui a visité l'Afrique tout récemment, plus mauvaise même qu'une investigation prévenue n'aurait pu l'imaginer. L'administration algérienne est, depuis 1840 surtout, le plus grand obstacle aux progrès matériels du pays. Dominée par des tendances déplorables, conduite par des hommes sans capacité, sans connaissances spéciales, sans idées d'ensemble et parfois odieusement hostiles, partagée entre deux camps rivaux qui n'ont jamais pu s'entendre sur aucune question, et dont l'un a toujours repoussé ce que l'autre proposait, elle a trouvé le moyen, par des combinaisons qui n'appartiennent qu'à elle seule, d'étouffer dans leur germe toutes les tentatives individuelles ou collectives qui pouvaient concourir au développement matériel de la colonisation.

Je ne ferai pas cependant le procès aux personnes. Je me suis prescrit à cet égard une extrême réserve. Mais je m'attaquerai franchement aux choses; et pour exprimer ici toute ma pensée dans sa généralisation, je dirai que l'administration algérienne n'administre pas.

Administrer, c'est donner à une question, à un problème, à une affaire quelconque, la direction qu'elle doit suivre, c'est la faire passer le plus rapidement possible par tous les degrés qui mènent à une solution, c'est baser cette solution sur les principes généraux, et acceptés comme tels, qui régissent la matière, et coordonner ainsi toutes les affaires du même genre dans un ensemble rationnel qui concoure au mouvement général du pays. Or, à ce point de vue, l'administration algérienne a tout fait jusqu'ici : de la bâtisse, de l'agriculture, de la réglementation, de la municipalité, de la fantaisie même, tout, excepté de l'administration. Il n'existe pas dans ses dossiers une seule affaire un peu importante, une seule, qui ait eu le bonheur d'aboutir.

La raison en est simple.

Il y a dans cette administration des rouages multipliés à l'infini, une confusion de pouvoirs qui crée des conflits journaliers, un abus de paperasserie et de formalités dont les lenteurs font tout avorter, et par dessus tout la manie fatale de faire intervenir le ministre à propos de tout, même pour les affaires d'intérêt local de la plus chétive importance. Il résulte de ces complications diverses l'impossibilité absolue de voir arriver un projet utile à une solution qui ne soit pas intempestive. Il faut des mois et des années pour que le détail le plus modeste soit autorisé de ceux-là même qui exigent une autorisation immédiate sous peine de ne pas être. C'est ainsi que, pour qu'un colon de village puisse contracter un emprunt hypothécaire de 300 fr., emprunt dont il a besoin pour achever sa maison avant les pluies, il lui faut épuiser successivement tous les degrés, *absolument tous*, de la hiérarchie administrative. Il lui faut subir d'une manière ou d'une autre, et quelquefois à différentes reprises, le concours méthodique :

Du maire de sa commune,

D'un inspecteur de colonisation,

Du commissaire civil,

Du sous-directeur de l'intérieur,

Du directeur de l'intérieur,

Du directeur général des affaires civiles,

D'un conseiller-rapporteur près le conseil supérieur d'administration,

Du conseil supérieur lui-même,

Et enfin du ministre.

Oui, du ministre, à propos de trois misérables cents francs qui arriveront ainsi juste à temps pour voir la maison démolie, le village ruiné, et le colon exproprié pour cause de non-exécution de ses engagemens.

Une simple comparaison avec la France fera plus vivement ressortir encore l'extravagance de ce système.

Supposons le détail le plus insignifiant possible, la construction d'un logement pour le concierge d'un abattoir.

En France, la police d'un abattoir, les recettes qu'on y effectue, les dépenses qu'exige son entretien ne regardent qu'un seul et même fonctionnaire, le maire, assisté, selon le cas, de son conseil municipal. En Afrique, une telle simplicité n'est pas de mise ; le génie administratif ne s'y déploie que dans la complication de ses ressorts et la multiplicité de ses attaches. Un abattoir donc relève, en Afrique, quelle que soit d'ailleurs sa minime importance,

De l'autorité civile pour la police,

Des agens de la direction des finances pour la perception et le personnel,

Et de la direction des travaux publics pour la réparation et les travaux.

D'où il suit que si l'abattoir se trouve, par exemple, à Constantine, la construction demandée devra suivre une filière de quinze à vingt mois au *minimum* par le fait des formalités rigoureuses dont voici le détail :

1° Le receveur de l'abattoir écrira au chef du service des contributions diverses de la ville pour lui exposer la nécessité de construire un nouveau logement au concierge;

2° Transmission du chef du service des contributions diverses au chef des services financiers de la ville;

3° De celui-ci au directeur des finances;

4° Du directeur des finances au chef du service des contributions en Algérie;

5° et 6° Ce dernier sans doute voudra recevoir des explications de l'agence de son service à Constantine avant de donner son avis. Dans ce cas, lettre et réponse, puis,

7° Avis motivé renvoyé au directeur des finances;

8° Qui n'aura garde de se prononcer sans prendre l'avis de M. le directeur de l'intérieur;

9° Lequel demandera des renseignemens au sous-directeur de l'intérieur de Philippeville;

10° Demande qui obligera celui-ci de recourir au commissaire civil de Constantine, le commissaire civil d'échanger encore une correspondance avec les agens financiers, et qui aboutira enfin

11° A une réponse motivée donnée par le commissaire civil au sous-directeur,

12° Lequel la transmettra à son supérieur immédiat le directeur de l'intérieur,

13° Qui pourra ainsi donner son avis au directeur des finances.

Il semble qu'après cette interminable série tout devrait être dit. On a déjà usé plus de temps et de papier que n'en mérite une dépense de 1,000 à 1,200 fr. Cependant ce n'est encore là que le début de l'affaire. Le directeur des finances et le directeur de l'intérieur peuvent différer d'opinion sur le fait en lui-même, sur l'opportunité, sur vingt détails puérils, mais jugés importans, et alors nouvelles lettres, nouvelles complications, nouveaux avis, véritable avalanche de paperasserie, sous laquelle le fond de la question finit par se perdre et disparaître.

Mais supposons le cas le plus rare, celui où les deux fonctionnaires supérieurs se sont entendus. La construction est décidée, reste l'exécution ; alors :

14° Lettre de M. le directeur des finances au directeur des travaux publics;

15° Du directeur des travaux publics au chef du service des bâtimens civils de la province pour faire établir les plans, devis, etc.;

16° De celui-ci au chef des services de la ville;

17° Du chef des services de la ville à un inspecteur qui dresse les devis,

18° Et les envoie à son chef,

19° Lequel voit, revoit, émet son avis, et adresse le tout au chef des services de la province,

20° Qui le transmet enfin à Alger avec ses observations personnelles.

Arrivée là, l'affaire a fait un second pas ; mais de nouvelles difficultés l'attendent. Une question de crédit la complique, et il devient nécessaire d'en saisir le conseil supérieur d'administration pour aviser à la demande du crédit. De là :

21° Lettre du directeur des travaux publics au gouverneur général pour demander l'intervention du conseil supérieur d'administration ;

22° Décision de M. le gouverneur général signifiée à M. le directeur général des affaires civiles ;

23° Transmission de cette décision à un conseiller chargé d'examiner l'affaire et de la rapporter devant le conseil supérieur ;

24° Délibération du conseil supérieur, qui, ayant quarante affaires du même genre à expédier dans une séance, ne trouve jamais le temps de s'occuper des grandes questions de crédit public, de colonisation, d'assainissement et autres ;

25° Rédaction de la délibération ;

26° Envoi au ministre, qui épluche l'affaire, la fait éplucher par ses bureaux, et n'est jamais plus heureux que lorsqu'il constate l'absence d'un document quelconque, toujours indispensable, qui lui permettra de renvoyer le dossier pour qu'il soit soumis à une nouvelle instruction.

Dans ce cas, lequel se présente neuf fois sur dix, tout est à recommencer sur de nouvelles bases. Dans le cas contraire, circonstance fort rare, impossible même dès qu'il s'agit d'une affaire majeure, grâce à l'opposition acharnée que se font les bureaux de Paris et d'Alger ; dans le cas contraire, dis-je, il n'y a plus qu'à procéder à peu près de la manière suivante :

27° Réponse du ministre au gouverneur général ;

28° Notification du gouverneur général au directeur général des affaires civiles ;

29°, 30° et 31° Notification du directeur général des affaires civiles :

Au directeur de l'intérieur,

Au directeur des finances,

Et au directeur des travaux publics.

De même :

Notification du directeur de l'intérieur au sous-directeur de l'intérieur de Philippeville, qui la transmet au commissaire civil de Constantine.

Notification de M. le directeur des finances au chef des services financiers de la province, et par lui au chef des services de Constantine et au receveur de l'abattoir.

Enfin, notification du directeur des travaux publics au chef du service des bâtimens civils, lequel la fait passer du chef de service de Constantine à un architecte, et d'un architecte à un inspecteur.

Total général : quarante à quarante-cinq communications qui donnent lieu à près de cent cinquante enregistremens à l'arrivée et au départ, à autant de notes, pièces justificatives, documens divers, et à plus de cent minutes ou copies de lettres qui passent par les mains d'environ trois cents employés de tous grades. Et cela, en supposant, bien entendu, ce qui n'arrive presque jamais, qu'il n'y a eu ni lettres de rappel, ni discussion contradictoire, ni perte de pièces ; que l'affaire, en un mot, a suivi une marche régulière, marche inconnue encore dans les annales administratives de l'Algérie.

Tout compte fait, le travail sera achevé depuis longtemps en France, qu'à Alger son plan et ses devis n'en seront qu'aux premiers degrés de leur échelle bureaucratique.

. . . .

De pareils détails n'ont pas besoin de commentaires. Une administration qui procède systématiquement d'une façon aussi absurde est une anomalie trop étrange, dans notre siècle de progrès et d'activité, pour qu'il n'y ait pas lieu d'en finir le plus tôt possible avec elle. L'Algérie, plus que la France encore, a besoin de célérité dans ses rouages, et de promptitude dans les décisions qui la touchent ; et c'est surtout parce que son administration, bien loin de suivre le mouvement qui l'emportait, n'était occupée qu'à l'entraver et à l'étouffer, que nous en sommes venus aujourd'hui à ce point de découragement et d'inertie dont nous parlions avec douleur dans les premières pages de cet écrit.

Est-ce à dire qu'il faille briser tout à coup hommes et choses, et faire jaillir, séance tenante, d'une discussion parlementaire, tout un projet nouveau de réorganisation algérienne. Hélas ! nous devons nous défendre de cette pensée comme d'un crime ; car il ne faut pas faire à nos hommes. d'Etat l'injure de les croire capables d'héroïsme. Le temps n'est plus où une constitution se coulait comme un bronze, d'une seule pièce. A la place de ceux qui rayaient dans une nuit un passé de quatorze siècles, nous avons de petits géans aux grandes paroles, qui trouvent les siècles insuffisans pour les plus microscopiques réformes. Il faut donc se plier à ces conditions nouvelles, et ne demander aux pouvoirs du jour que ce qu'ils peuvent facilement donner. Il y a, d'ailleurs, dans la question algérienne, un obstacle spécial que rien ne s'y décide selon les lois de la hiérarchie. La responsabilité siége à Paris, mais l'autorité est ailleurs. Et l'on sait que l'illustre maréchal, qui s'arroge sans façon tous les droits ministériels, y compris le droit de tirer à vue sur nos finances, n'a jamais été très-endurant à l'égard des changemens qu'il n'avait pas lui-même provoqués.

Nous devons donc, en administration surtout, ne toucher en rien à l'arche sainte, c'est-à-dire aux positions personnelles telles qu'elles ont été créées et mises au monde par les favoritismes combinés de Paris et d'Alger. La session prochaine fera à cet égard ce qu'elle pourra faire, et Dieu veuille qu'elle s'ouvre sous de meilleurs auspices que celle de l'an de calamité et de corruption 1847. Mais nous l'avons déjà dit, il est quelques modestes réformes, qui, acceptées dès aujourd'hui, et sans rien changer aux hommes et aux choses, auraient pour résultat immédiat de rendre possible toute solution administrative, en restreignant dans des bornes convenables le chiffre illimité de ses échelons.

Ainsi, en exécutant une ordonnance récente, qui transporte les chefs-lieux militaires dans l'intérieur du pays, en rendant aux maires de la zone civile toutes les attributions qui leur appartenaient, et que la direction de l'intérieur a confisqués à son profit, en créant immédiatement autant de conseils municipaux électifs qu'il y a de communes, et en investissant ces conseils de toute l'autorité qu'ils ont en France, on déchargeait par ce fait même le ministre, le conseil supérieur d'administration, le gouverneur général et tous les directeurs chefs de service, des deux tiers au moins des affaires courantes qui encombrent leurs cartons. La plupart de ces affaires sont du genre de celles dont nous avons donné le détail, c'est-à-dire d'intérêt local, et il est assez naturel de penser qu'en Afrique, comme en France, des conseils municipaux seraient bien plus intelligens de leurs propres besoins et bien meilleurs dispensateurs de leurs ressources que les agens obscurs d'un ministère de la guerre, dont la spécialité exclut nécessairement toute autre compétence.

Ainsi, en décidant sommairement, et les positions actuelles conservées, que chaque province correspondra directement avec les bureaux de Paris, on fait cesser pour Constantine et pour Mascara cette injuste inégalité administrative qui les rendait tributaires d'Alger, au grand préjudice de leurs intérêts locaux, et l'on diminue au moins de moitié les degrés hiérarchiques à suivre pour la conduite de affaires d'intérêt général, et dont la solution appartiendrait au ministre.

Je pourrais citer nombre d'autres modifications aussi utiles, aussi simples à obtenir, et dont l'adoption théorique produirait d'immenses bienfaits pour le pays. Mais je n'ai pas la prétention de les indiquer ici ; ce serait dépasser de beaucoup le cadre modeste que je me suis tracé, et j'aime mieux laisser aux convictions et au courage de la chambre, si ces deux mots ne sont point une fiction constitutionnelle, tout le courage d'initiative que réclament des questions aussi délicates.

COLONISATION ET PRODUCTION.

Double question qui a, en Algérie, des proportions immenses, qui a soulevé des systèmes sans nombre, nécessité des nuées de faiseurs, donné lieu aux essais les plus extravagans, et qui aujourd'hui encore semble n'être pas mieux comprise qu'en 1830, grâce aux questions incidentes de personnes dont on a réussi à les surcharger. La colonisation est un rêve, dit M. Desjobert depuis dix-sept ans. Grande vérité s'il ne s'agit que de la colonisation officielle, erreur capitale s'il s'agit de la colonisation libre, se développant librement sous la protection d'un gouvernement éclairé.

Qu'a-t-on obtenu jusqu'ici en fait de colonisation ? Rien, par la raison toute simple que l'Etat a voulu tout faire, et que l'Etat est souverainement incompétent en pareille matière. On dépense chaque année un million et demi pour cet objet, sans compter une somme au moins égale pour les routes, sans compter plus de 500,000 fr. pour irrigations et desséchemens. Et ce qu'il est résulté de plus clair de ces frais considérables, c'est la création, à Paris, d'un bureau spécial de colonisation, où des hommes qui n'ont pour la plupart jamais vu l'Algérie, qui ignorent les premiers faits de toute l'agriculture, qui ne distingueraient pas le trèfle de la luzerne et le seigle du froment, qui sont encore moins ferrés en législation civile qu'en pratique agricole, qui n'ont d'ailleurs aucune notice des grands principes économiques sans lesquels point de richesse sociale, qui n'en sont pas moins appelés à décider de l'avenir de production d'un grand pays, et à résoudre du fond de leur cabinet les plus vastes problèmes que se soit jusqu'ici proposés la science moderne.

Voilà l'Algérie.

Qu'on ne s'étonne donc plus maintenant de la stérilité de nos efforts, à nous colons, pour arracher notre nouvelle patrie à l'improduction et à la barbarie. La faute n'en est ni aux circonstances, ni à la guerre, ni aux difficultés locales, ni surtout à l'état du sol et aux conditions particulières du climat; la faute en est au gouvernement seul, à son incurie sans exemple, à cette absence d'idées, de principes, de volonté, et, par-dessus tout, à l'emploi incompréhensible, aux yeux du sens commun, que ces hommes ont fait des ressources qui leur étaient confiées.

Je n'entrerai pas dans le détail de leurs actes; je dois rester fidèle au rôle que je me suis proposé; je dois me contenter de signaler le mal et de lui opposer un remède radical, immédiatement possible, tel qu'il puisse être adopté séance tenante par la chambre appelée à discuter ces graves intérêts.

Trois systèmes de colonisation se partagent aujourd'hui l'attention publique : la colonisation militaire *ou les camps agricoles*, la colonisation civile aux frais de l'Etat et la colonisation libre par le concours des capitalistes.

Si le premier de ces systèmes n'avait pas été patroné par M. le maréchal Bugeaud, on ne lui aurait jamais fait l'honneur de l'examiner. Il ne serait venu à l'esprit de personne au monde que de pareilles idées fussent sérieusement discutables, et à plus forte raison susceptibles d'une application utile ; mais M. Bugeaud règne et gouverne en Algérie ; il a une armée de 100,000 hommes et un budget de cent millions; il ne trouverait en France qu'un supérieur, le roi. Il est d'ailleurs dévoré d'un besoin insatiable de despotisme gouvernemental; il lui faut des sujets comme il a des soldats, un budget civil comme il a un budget militaire, toute la réalité d'un pouvoir discrétionnaire, tel que ne l'ont jamais rêvé les pachas auxquels il succède, et, pour satisfaire ses caprices, il a trouvé le moyen, lui, le plus pitoyable administrateur de France, de tenir en échec, avec quelques théories à sa façon, toutes les forces de la colonisation civile et toutes les tendances combinées de l'émigration et des capitaux.

M. le maréchal Bugeaud n'a cependant pas réussi à nous imposer ses erreurs agricoles. Grâces en soient rendues au bon sens public ! C'est aujourd'hui, nous l'espérons, une question tranchée, qui servira sans doute de leçon. L'illustre pacificateur de la Kabylie rappelle ces vers d'un bonhomme qui voyait mieux les choses que certains grands esprits :

> Ne forçons point notre talent,
> Nous ne ferions rien avec grâce.

Reste la colonisation civile aux frais de l'Etat, ou par les ressources combinées des associations privées, et ici nous n'exprimerons notre pensée que par un fait décisif :

L'administration algérienne a fondé, depuis cinq ans, de 30 à 40 villages ; elle y a dépensé environ 5 millions ; elle y a mis des hommes de son choix, pris dans les conditions qu'elle a cru les plus favorables ; elle leur a donné des bestiaux, des matériaux, des terres, quelquefois des maisons, quelquefois même la main-d'œuvre militaire pour le défrichement de leurs lots ; et aujourd'hui, après trois, quatre, ou cinq années d'existence, après une dépense évaluée à plus de 4,000 francs par colon, après des preuves multipliées de sollicitude exclusive, pas un seul de ces villages n'est en pleine prospérité, plusieurs sont complétement abandonnés, d'autres n'ont conservé que quelques rares habitans qui meurent de faim, et pour les plus favorisés, il faut encore leur fournir cette année la semence qui doit les nourrir l'année prochaine.

Et voilà où nous a conduits cette idée fausse que l'Etat était apte à tout faire, lorsqu'il n'est réellement dans son rôle que de diriger, de protéger et de surveiller la marche des intérêts individuels. Au lieu de cela, posons les principes :

Il faut à l'Algérie une population européenne pour couvrir le vaste espace de son sol, décidée à tirer parti des richesses que ce sol procure au travail. Si cette population est pauvre, elle mourra à la peine avant qu'une récolte suffisante ne soit venue la dédommager de ses sacrifices. Le pays exige, pour fournir à nos besoins, des dépenses considérables de premier établissement. Qui fera ces dépenses ? l'Etat. M. le maréchal Bugeaud seul pourrait dire oui. La France tout entière dira non, car la France ne veut pas encore se grever de 500 millions pour jeter cent mille hommes de plus en Algérie. Que doit donc faire l'Etat dans cette vaste entreprise ? Peu de choses et beaucoup. C'est à lui à favoriser les tentatives privées en ouvrant toutes les portes de la colonie à l'émigration européenne, en attirant la population et les capitaux par des garanties et une protection intelligente, en reconnaissant la propriété comme un fait nécessaire, quels que soient les faits antérieurs qui la mettent en question, en imitant les Etats-Unis, dans leurs larges concessions de terrains, au lieu de se faire lui-même agioteur et spéculateur à la toise ; enfin, en introduisant dans ce malheureux pays, que toutes les tyrannies ont successivement désolé, un peu de cette liberté chrétienne qui a sauvé l'Europe, et sans laquelle il ne peut être aujourd'hui de véritable civilisation.

Comme on le voit, le système est simple et peu dispendieux pour l'Etat, double avantage qui n'est pas à dédaigner. Il ouvre à l'industrie, à l'agriculture, aux tendances laborieuses du siècle, des espaces infinis à renouveler, et de plus, il a la sanction incontestée des faits, par l'exemple décisif des colonies anglaises et américaines.

Quelle objection sérieuse peut-on lui opposer? aucune. — Si l'Etat ne connaît pas ce qui lui appartient, la faute en est à lui. Avec un peu moins de gas-
pillage militaire, il aurait pu faire traduire les registres de Beylick, et en tirer
le cadastre de ses domaines. — Les tribus indigènes! elles ne sont déjà plus
un obstacle, elles seront demain un auxiliaire. Enclavées dans des concessions
françaises, elles fourniront des bazars pour nos troupeaux, des manœuvres
pour nos bâtisses, des hommes de peine pour tous nos travaux. — La guerre!
fantasmagorie retentissante que nous avons vue de trop près pour en être ef-
frayés, et dont il ne sera plus question en Afrique du jour où M. le maréchal
Bugeaud n'aura plus cent mille hommes à commander. — Le paupérisme, enfin! crainte illusoire! par la raison catégorique que le sol étant à bas prix,
chacun sera libre de devenir propriétaire, tout en vouant son travail au propriétaire voisin qui le paiera.

Mais, dit-on bien souvent, et c'est ici la cause réelle de toutes les opposi-
tions sincères que l'Algérie a rencontrées dans le parlement et dans la presse,
un pays qui ne produit rien, qui ne peut suffire à ses propres besoins, qui vit
des farines de France, des fourrages de l'Italie, des légumes et des fruits de
l'Espagne, ce pays ne mérite guère qu'on se préoccupe de son avenir ; et dût-
on même s'en préoccuper dans un intérêt politique, il serait souverainement
imprudent de l'abandonner à une spéculation privée qui jusqu'ici n'a pas
même réussi à fournir à sa propre subsistance.

A cette objection qui n'est pas nouvelle, mais qui a une certaine apparence de
vérité, nous ne répondrons que par des faits. — Les détails de la production
algérienne sont peu connus encore, malgré leur importance pratique, et cette
ignorance a presque contribué à éloigner certains esprits positifs de ce théâ-
tre d'expérimentation. Si donc nous parvenons à les détruire, nous aurons obtenu un grand résultat, et nous n'aurons pas trop à regretter notre expérience
agricole de douze années dans le pays.

Deux genres de production constituent la richesse du sol africain : les subs-
tances alimentaires qui lui sont communes avec le monde entier, et les végé-
tations tropicales, dont elle peut faire, dans l'avenir, un objet d'échange avec
les produits manufacturés de l'Europe. — Or, chacune de ces productions se
présente en Algérie dans des conditions telles qu'elle pourra toujours soutenir
la concurrence avec les produits similaires des autres nations, et bien souvent même dominer les marchés par l'excellence de sa qualité. — Quelques
chiffres sont ici nécessaires pour rendre cette assertion incontestable.

Les céréales occupent le premier rang dans l'échelle de la production générale, et, en Algérie comme en France, ce doit être le premier but d'une agriculture intelligente. — On conçoit, en effet, que l'Algérie a besoin, avant tout,
de se suffire, pour ne pas embarrasser la politique métropolitaine, et pourvoir
elle-même à toutes les éventualités de guerre ou de révolution que l'avenir
peut lui réserver. Or, relativement à cet article important, voici quels sont
les résultats de mon expérience de cultivateur.

L'hectare de bonne terre cultivé d'une manière convenable, et par les pro-
cédés ordinaires, donne, en mauvaise année, 5 pour 1, et en bonne jusqu'à

15 pour 1, ce qui, avec 2 hectolitres de blé par hectare, constitue un rendement moyen de 20 hectolitres. Je me tiens ici dans les bornes les plus modestes, car j'ai vu à Dely-Ibrahim un 1/2 hectare rapporter 30 pour 1, et je sais qu'il est possible d'arriver à des résultats encore plus considérables. Mais enfin, en m'arrêtant au chiffre moyen que je viens de d'indiquer, l'hectare de blé, à 18 fr, l'hectolitre, produirait encore 360 fr.

L'orge, il est vrai, ne s'élève guère qu'à 150 fr. l'hectare, mais, par compensation, l'avoine, qui dans beaucoup de cas remplace l'orge, peut donner une récolte équivalente à celle du blé, c'est-à-dire un minimum de 300 francs.

Or, il demeure évident, par ces seuls chiffres, que la question de l'alimentation générale ne présente pas les difficultés d'exécution que la stérilité africaine avait fait d'abord pressentir, et que si cette alimentation n'est pas aujourd'hui même assurée, cela tient, comme nous l'expliquerons tout à l'heure, au système suivi pour les événemens dans la répartition de ses immenses ressources.

Après les céréales viennent les fourrages, et ici se révèle à l'économiste un champ indéfini de production.

C'est une de ces richesses particulières à l'Afrique que la faculté qu'ont toutes les terres de produire des fourrages, sans qu'il soit besoin de les ensemencer. Il est reconnu, à cet égard, qu'une terre fumée tous les trois ans peut donner deux récoltes de fourrages, sans diminution des sucs vivifians. On conçoit dès-lors que cette même terre bien cultivée donnerait un produit énorme.

De plus, les terres dont le sous-sol est humide peuvent donner des prairies naturelles comparables aux plus riches prairies de l'Europe, et qu'un travail peu coûteux suffirait pour mettre en bon rapport. Les environs de Bouffarick, qui se trouvent dans ce cas, fournissent régulièrement deux bonnes coupes par année; et même, dans des conditions moins favorables, il ne faut que de légers soins et une petite alimentation pour assurer un produit permanent.

Quant aux terres assez heureusement placées pour être arrosables, leur puissance d'action est extraordinaire. J'ai fait moi-même sur une terre de ce genre huit coupes dans une année avec une luzerne de l'année précédente, ce qui, évalué en moyenne à 40 quintaux métriques par coupe, me donnait pour rapport total 320 quintaux métriques de luzerne par hectare, c'est-à-dire à 10 fr. le quintal, 3,200 fr. l'hectare. Il est bien entendu que, dans de pareilles conditions, le sol a besoin d'une alimentation proportionnelle à la quantité de ses produits.

Supposons maintenant que, sur 10 hectares, 6 seulement soient en valeur, dont 2 en céréales, 2 en orge ou avoine, et 2 en fourrages; le rendement régulier sera, dès la troisième année, de 720 fr. de blé, 525 fr. d'orge et d'avoine, et 1,200 fr. de fourrages; total, 2,445 fr. Or, quelle est la famille de cultivateurs qui ne pourra pas, avec cette seule somme, fournir à ses besoins journaliers, améliorer sa condition et sa propriété, et entreprendre même quelques-unes des cultures spéciales du pays?

Mais ici se présente l'objection que nous avons pour ainsi dire amenée. Pourquoi alors, dans cet état de choses, l'Algérie n'est-elle pas déjà suffisamment approvisionnée, pourquoi est-elle obligée d'emprunter à l'étranger ce que son sol pourrait lui fournir avec tant d'abondance?

Pourquoi! — Parce qu'il est de principe en économie politique que c'est la communication ou le débouché qui appellent la production, et que le colon algérien n'a jamais eu jusqu'ici la certitude du placement de ses produits.

En effet, le gouvernement est à Alger le seul grand consommateur, le seul qui ait besoin d'une production fixe pour suffire à des exigences certaines. Le gouvernement pourrait acheter chaque année, en Algérie, pour 5 millions 1/2 de blé et pour 8 millions de fourrages, et certes si les producteurs du pays avaient eu à se partager annuellement ce splendide revenu de près de 14 millions, nul doute que la culture n'eût pris entre leurs mains un développement prodigieux. Mais, loin de là, on eût dit qu'il y avait parti pris du côté du gouvernement de tout tirer de l'étranger, même ce qu'il trouvait à moitié prix sous sa main, et de n'offrir aux colons, quand ils les admettait à la concurrence, que des prix auxquels, vu la cherté de la main-d'œuvre et la difficulté des transports, il était matériellement impossible de produire. C'est ainsi que chaque année a vu surgir des marchés inexplicables, dans lesquels les grains étaient payés de 22 à 30 fr., et quelquefois au-dessus; tandis qu'on ne les payait que 14 fr. aux malheureux colons, sans doute parce qu'ils n'avaient pas la bonne fortune d'être étrangers. C'est ainsi que, pour les fournitures de fourrages, le quintal métrique, qui n'était payé que 7 fr. à Alger, était évalué 24 francs en Italie, chiffre énorme qui montait quelquefois, grâce aux avaries du voyage et aux frais de transport dans l'intérieur, à la bagatelle de 40 fr. par quintal métrique.

On devine combien cette manière de procéder a dû jeter de découragement dans le cœur des colons et paralyser leurs tendances vers la production agricole. C'était évidemment un mauvais vouloir systématique qui s'attachait à leurs pas comme pour étouffer la colonisation dans son germe, tandis qu'il aurait été si facile de l'activer en réduisant de moitié les dépenses de l'État. Y avait-il dans ces combinaisons des calculs personnels? c'est ce que je ne veux pas examiner. Le fait seul, dégagé de tout commentaire, me semble assez monstrueux pour frapper tout homme non prévenu, et pour faire retomber sur qui de droit la responsabilité de la stérilité africaine.

Mais, aujourd'hui, cet état de choses sera-t-il modifié? On sent qu'il y a urgence à ne plus laisser subsister de pareils abus et à demander immédiatement à l'Algérie tout ce qu'elle peut produire. Or, en fourrages, au prix moyen de 10 fr. le quintal métrique, elle peut fournir, non-seulement toute l'armée d'Afrique, mais encore celle de France, et en céréales, à 18 fr. l'hectolitre, elle suffira progressivement, non-seulement aux besoins du pays, mais encore à l'exportation.

Je n'irai pas plus loin dans ces détails. Je laisse à l'intelligence des chambres à s'approprier les trois grandes réformes dont je propose l'adoption immédiate, et qui peuvent se résumer dans ces quelques mots pleins de promesses pour le pays :

Réunion de l'Algérie à la France ;

Simplification des rouages administratifs ;

Et encouragemens à la production par la consommation.

Comte DE FRANCLIEU,

Propriétaire en Algérie, un des Délégués des Colons Algériens.

PARIS, — IMPRIMÉ PAR E. BRIÈRE, RUE SAINTE-ANNE, 56,